AF586618

DE LA

BANQUE DE FRANCE

DEPUIS 1847

ET DE LA

BANQUE D'ANGLETERRE.

DE L'ABAISSEMENT DE L'INTÉRÊT.

PAR

L. MURET DE BORT,

ANCIEN DÉPUTÉ.

CHATEAUROUX,

IMPRIMERIE ET LITHOGRAPHIE DE MIGNÉ.

1853.

DE LA

BANQUE DE FRANCE

ET DE LA

BANQUE D'ANGLETERRE.

Le 23 novembre 1852, nous lisions dans un journal d'habitudes sérieuses, dans un journal qui, de longue date, ayant assis ses influences sur les classes les plus éclairées, travaille à les y maintenir — prétention que d'ailleurs le plus souvent il justifie ; — nous lisions donc dans le *Journal des Débats* :

« La Banque de France se procure la plus grande par-
» tie des capitaux qu'elle emploie par l'émission de bil-
» lets au porteur, remboursables à vue; c'est en rai-
» son de cette obligation qu'elle ne peut faire que des
» placements essentiellement temporaires, afin d'avoir
» au besoin, dans un temps très court, la disponibilité
» de son argent.

» Il résulte de cette constitution des banques que ces
» institutions qui, dans les circonstances ordinaires sont
» de la plus grande utilité, peuvent devenir impuissan-
» tes dans les moments difficiles. Elles augmentent l'in-
» tensité des crises par la nécessité dans laquelle elles

» sont de ralentir leurs crédits au moment où ils se-
» raient les plus nécessaires. Mais telle est néanmoins
» l'utilité de ces établissements qu'on a dû passer sur
» leurs inconvénients, en raison des avantages considé-
« rables qu'ils présentent. »

La Banque de France augmentant l'intensité des crises!.... La Banque de France ralentissant son crédit au moment où il serait le plus nécessaire!.... Ne sont-ce pas là des assertions en contradiction notoire avec les faits; inoffensives quant à leur portée et leur intention au respect de la Banque de France, mais susceptibles de fausser les idées? Le crédit a ses faux prophètes et ses faux dieux; son veau d'or et ses idolâtres. Ce n'est pas assez que de n'y pas sacrifier, il importe encore de ne pas laisser affaiblir les traditions et le respect du vrai culte.

Accroissement des ressources de la Banque de France.

La Banque de France est un établissement fait pour flatter notre orgueil national; jamais institution ne fut, dès sa naissance, plus sagement assise; les principes en étaient vrais, par là même, ils ont été féconds. Les circonstances lui ont été heureuses, et dans ces cinq dernières années, il lui a été donné de voir tout à la fois fortifier son action, et agrandir la sphère où elle s'exerce.

Nos grandes cités commerciales étaient sous le régime des Banques départementales; les voilà rentrées sous le régime de la Banque centrale, sous le régime de l'unité. L'unité, en même temps qu'elle levait ces barrières partielles qui gênaient la circulation, qu'elle dégrevait le papier escomptable des frais de change à l'intérieur, a rendu plus facile la surveillance des crédits accordés; chassés d'un portefeuille, ils pouvaient se réfugier dans un autre; les mêmes yeux aujourd'hui les suivent dans tous. Le cours momentanément déclaré forcé, a fait connaître les billets dans les campagnes les plus reculées; on s'est familiarisé avec cette monnaie, on l'a trouvée plus commode que l'autre, préférence contre laquelle la Banque a eu quelquefois à lutter, limitée qu'elle était alors par la loi, dans le chiffre de sa circulation; les écus déplacés ont fait invasion dans ses caisses, et ils y constituent aujourd'hui un accroissement de réserve à la disposition des emprunteurs valides.

Le temps était donc mal choisi, pour parler de l'*impuissance* de la Banque et pour chercher à persuader au public que d'autres instruments de crédits possèderaient des vertus qu'on essayait de lui contester.

Simple administrateur du plus modeste de ses comptoirs, et quoique vivant aujourd'hui loin du grand mouvement des affaires, nous nous en sommes ému. Nous prenons donc occasion aujourd'hui du dernier rapport de M. le Gouverneur de la Banque, non pas pour donner son historique, dire ce qu'elle a fait, ses services rendus, sa puissance d'en rendre de plus grands encore s'ils étaient requis, mais pour essayer de relever quelques erreurs économiques qui semblent s'infiltrer dans le monde financier; erreurs fort innocentes à l'état spéculatif, mais dangereuses quand elles pénètrent dans le domaine des faits avec la prétention d'en prendre la direction.

Au reste, nous serions difficilement d'accord avec ceux qui taxent la Banque d'insuffisance, car en même temps que nous avons la conviction qu'elle est en mesure de pourvoir à tout ce qui peut être utilement et raisonnablement requis d'un établissement public, en fait de crédit commercial, industriel, mobilier, comme on voudra l'appeler; loin de l'accuser d'être restée en arrière dans cette voie, nous serions plutôt disposé à croire qu'elle s'y est engagée récemment plus qu'il ne l'aurait fallu.

Banque d'Angleterre et Banque de France.

— Leurs portefeuilles comparés.

Dans le cours de l'enquête ouverte au commencement de 1848 devant les deux chambres du Parlement d'Angleterre, à l'occasion de la crise commerciale de 1847, sir Samuel-Jones Loyd, banquier à Londres et à Manchester, est interrogé dans les chambres des lords sur l'importance des escomptes consentis par la Banque de France, pendant cette année de détresse; le Président interrogateur semble exprimer le doute qu'ils aient atteint le chiffre d'un demi-million sterlings (12,500,000 francs); sir Samuel-Jones Loyd répond qu'il n'a pas suivi les opérations de la Banque de France, mais qu'il les croit tout-à-fait insignifiantes, quand on les rapproche des opérations de la Banque d'Angleterre (1).

---

(1) 1620. Are you aware of the amount of the discount during the Last year by the Banck of France ?
I have non attended to them.
1621. You are not aware that they did non amount to half a million ?
I believe they are quite trifling compared with the transactions of the Banck of england.

Nos voisins sont avant tout à leurs affaires; c'est là leur grand horizon. Toutefois il est regrettable que, sans dissiper, dans des recherches spéculatives, ce temps qu'ils savent si bien mettre à profit, ils ne se rendent pas plus familiers avec des faits qui, pour n'être pas les leurs, n'en éclairent pas moins des questions communes à tous. Aujourd'hui, malgré le *libre échange* sur une rive et le *système protecteur* sur l'autre, il y a tant de liens directs et indirects entre les deux pays, il s'exerce entre eux une influence si réciproque, qu'ils ne sauraient assez s'étudier et se connaître (1).

En 1847 donc, dans cette année qui faisait l'objet de la question adressée à sir Samuel-Jones Loyd, la Banque a donné au commerce, ses succursales comprises, 1,811,181,441 francs sous forme d'escomptes. Elle a eu, en moyenne, un portefeuille non pas d'un demi-million sterling, mais de dix millions sterlings et au-delà; en chiffres français, 253,314,000 francs. A la fin de janvier, il s'élevait à 296,000,000, non compris les avances sur effets publics. A la même époque, les effets de commerce escomptés par la Banque d'Angle-

---

(1) Si nos voisins se montrent peu soucieux d'étudier ce qui se fait chez nous, en revanche ils savent admirablement ce qu'on fait chez eux et pourquoi on le fait. Rien de plus instructif et de plus empreint de l'esprit pratique que la plupart de ces enquêtes que fait publier le Parlement. Point de charlatanisme, point de déguisements dans les dépositions, mais un ton de sincérité et de modestie qui commande la confiance et qui redouble, de la part du lecteur étranger, l'estime qu'inspire cette grande nation.

terre, ceux déposés dans son portefeuille contre des avances, y compris les bons de l'Échiquier, également engagés, ne dépassaient pas ensemble 9,248,000 livres sterlings, soit en argent de France moins de 232 millions.

En remontant plus haut, à 1843, 1844, 1845, on retrouve le portefeuille de la Banque avec la même supériorité de chiffre. Aujourd'hui même, 10 février 1853, ses avances et escomptes dépassent 425 millions, sans parler des 75 millions prêtés à l'État, et à la même date, les valeurs publiques et privées, détenues par la Banque d'Angleterre à titre de prêts temporaires ou d'escomptes, n'atteignent pas le chiffre de 380,000,000.

Nous n'avons voulu, dans ce rapprochement, que bien constater le caractère éminemment commercial qui distingue la Banque de France, sans contester pour cela l'importance grandiose que donne à la Banque d'Angleterre les services plus nombreux dont elle est chargée, sans contester à l'ensemble des transactions anglaises aux institutions de crédit qui les desservent une grande supériorité numérique sur les nôtres. Le plus petit des trois royaumes, l'Écosse qui, avec sa population de 2,800,000 âmes, a affecté à ses Banques un capital de 250 millions, qui y entretient un dépôt de 750 millions, en dit assez là-dessus. Le peuple anglais est à la fois le plus grand capitaliste du monde, le plus grand trafiquant de crédit et de métaux précieux, le plus grand navigateur, le plus grand producteur industriel, et le plus grand consommateur; toutes attributions au reste qui s'enchaînent et se commandent les unes les autres.

Ce qui, en France, limite notre commerce extérieur.

La France récolte chez elle à peu près toutes les matières alimentaires à son usage, céréales, bestiaux, boissons spiritueuses. Elle ferait au besoin tout son sucre dans un seul de ses départements; en soie et en laine, elle produit au-delà de ce que consomment ses manufactures à la destination de l'intérieur; à fabriquer son fer, ses bois, ses houilles et ses minerais suffisent; ce qui explique, jusqu'à un certain point, soit dit en passant, les proportions limitées dont sa navigation et son commerce maritime ont bien de la peine à sortir. La conséquence est forcée; qui cueille chez soi n'a pas besoin d'envoyer au marché.

Faudrait-il récriminer contre la providence de ce qu'elle a été si bonne mère, de ce qu'elle a réuni sur notre sol, au profit d'une même nationalité, les productions du Nord et du Midi! Dans notre désir de déployer notre pavillon, consentirions-nous volontiers à être dépouillés de ce privilége? Des échanges, pour être faits entre nationaux, n'en sont pas moins des échanges.

En France, une foule de produits vont à la consommation, sans traverser les canaux du commerce. Nous connaissons plus d'un département où le paysan n'aborde la ville voisine que quatre fois l'an, et pour renouveler sa provision de sel, de chandelle et de sabots; tout le reste, il le demande à son petit troupeau et aux champs qu'il cultive. Toutefois, si nous citons cette simplicité des anciens jours, ce reste de l'âge d'or, c'est sans prétendre y convier ceux qui aiment un peu de bien-être.

En Angleterre, tout passe par le dock, le comptoir,

la manufacture, la boutique, changeant souvent deux ou trois fois de mains sans changer de place. De là, nécessité de ces nombreux établissements de crédit, banques centrales avec leurs branches, banques par actions, banques particulières, émettant des billets, recevant des dépôts avec ou sans intérêts; de ces nombreux escompteurs qui, concuremment avec ces banques, à des conditions plus élevées que les leurs, quand l'argent est rare, plus réduites quand il est abondant, traitent du papier sur l'intérieur ou l'extérieur.

Admirable mécanisme des paiements en Angleterre.

Quand on passe en revue toutes les transactions qui s'y accomplissent, quand on songe que c'est là que les emprunts, les entreprises par actions de l'étranger, viennent puiser une partie de leurs ressources, que c'est là, en définitive, que se balancent les grandes opérations commerciales du globe, on est étonné au premier coup d'œil qu'une circulation aussi restreinte puisse y faire face; moins d'un milliard de francs en billets de toutes banques, et, suivant les estimations les plus probables, un autre milliard en monnaie métallique, or ou argent. On ne s'explique une œuvre aussi immense, accomplie avec un si petit nombre d'instruments, que par le savoir faire qui les met en jeu. Là, point de ces caisses individuelles où sommeillent dans une oisiveté plus ou moins longue, suivant les échéances plus ou moins éloignées auxquelles ils ont à pourvoir, les billets ou les écus; mais des banquiers, caissiers qui paient et reçoivent pour les commerçants, les rentiers, les propriétaires; qui, assurés qu'ils sont de voir compenser les paiements par des versements nouveaux, la sortie par l'entrée, ne demeurent jamais surchargés et n'hésitent pas à rendre à la circulation ce qu'ils en reçoivent et aussitôt reçu. En même temps, si les mandats fournis sur leurs caisses par leurs clients, avant de se présenter au paiement, circulent de mains en mains et leur arrivent souvent, sous forme de dépôt, de la part du dernier porteur; si, aux grandes échéances, les banquiers porteurs de lettres de change qui les obligent réciproquement les uns à l'égard des autres, échangent celles qu'ils ont en caisse contre celles qu'ils ont à acquitter, il est évident qu'à l'aide d'un semblable mécanisme on peut avec de faibles appoints et presque sans bourse délier, équilibrer toutes les situations et suffire aux transactions les plus gigantesques.

Nécessité d'une puissante réserve métallique.

Toutefois, que ceux qui seraient tentés de croire, d'après ce tableau, que l'or et l'argent pourraient, sans dangers, être remplacés d'une manière absolue par des instruments moins dispendieux, et laisser ainsi un plus grand capital disponible pour des emplois fructueux, veuillent bien songer qu'à l'intérieur le billet de banque n'est quelque chose qu'à condition d'une convertibilité assurée par de larges réserves métalliques, et qu'à l'extérieur il n'est rien. La balance du commerce a ses variations, ses hauts et ses bas; les deux plateaux ne sont pas toujours en équilibre; ce n'est pas tout, pour l'Angleterre et la France, quand elles ont à se pourvoir extraordinairement de grains dans la mer Noire, la Baltique, ou les États-Unis, d'avoir abondance d'autres marchandises à offrir en échange; il faut que ces pays exportateurs les veuillent recevoir, les puissent consommer. Les habitudes générales des populations ne se modifient pas ainsi en quelques mois; de ce qu'un propriétaire ou fermier, à l'étranger, aura vendu chèrement et rapidement des approvisionnements entassés dans ses greniers, il n'en faut pas conclure que cette bonne fortune fera sentir à tout ce qui l'entoure, au même moment, son influence, et qu'au lendemain de ce débouché extraordinaire, les consommateurs de soieries et de cotonnades doubleront leurs achats. C'est de l'or et de l'argent qu'il faut dans de semblables crises pour régler ses comptes au dehors; or et argent, qui ne sont pas perdus pour le pays qui les cède et qui, probablement avant l'année écoulée, lui auront fait retour; ils ne sauraient longtemps ni rester là où ils sont superflus, ni faire défaut là où ils n'ont pas cessé d'être nécessaires.

Vices de la loi anglaise de 1844 sur les Banques.

Vainement cherchera-t-on à les retenir par des restrictions semblables à celles qu'impose en Angleterre la loi de 1844; en resserrant la circulation des billets, en retirant les crédits, on pourra bien provoquer une crise, avilir le prix des marchandises dans l'espoir de tenter les exportateurs et de s'acquitter au dehors sans bourse délier; faux calcul, et bientôt déceptions; les exportations ne sont jamais plus limitées, plus languissantes que dans un grand dérangement commercial; à la hausse, on s'excite; à la baisse, on se décourage mutuellement. Ce n'est pas tout; en essayant de faire violence à l'or qui momentanément s'expatriait, on épouvante et on chasse de la circulation celui qui y serait resté. Le public, inquiet en présence d'un danger qu'il s'exagère, multiplie ses encaisses, fait en vue de l'avenir des réserves auxquelles il n'aurait pas songé, et bientôt, le courant de la circulation étant à sec, s'arrête tout court la machine commerciale.

Si les théoriciens, inspirateurs de la loi de 1844, avaient vu plus attentivement aux faits, avant de prononcer, ils n'auraient pas mis l'Angleterre, en octobre 1847, à deux doigts d'une banqueroute et d'une liquidation générale. Heureusement le mal a été conjuré, mais comment? En suspendant la loi et ses prescriptions malencontreuses. Comme par enchantement, vingt-quatre heures après, cette grande émotion s'était calmée, l'expépérience avait prononcé et souverainement. En présence de toutes ces éventualités, un pays grand commerçant, grand prêteur à l'extérieur, obligé de soutenir à l'intérieur une circulation de papier très développée, doit donc entretenir, en temps ordinaire, un large approvisionnement d'or et d'argent, surtout s'il a assis sur la production étrangère une partie notable de son alimentation. C'est une dépense à laquelle la prudence l'oblige.

En France, nous y avons pourvu avec une grande libéralité, une grande magnificence. Trop grande, peut-être, mais chaque jour notre éducation commerciale fait un pas en avant; chaque jour les procédés économiques de circulation nous deviennent plus familiers. Ainsi, voilà le billet de banque en possession presque exclusive des paiements entre commerçants; voilà les garçons de recette lestes et légers, le portefeuille à la main au lieu de marcher courbés sous la lourde sacoche; voilà la monnaie métallique confinée aux transactions entre détaillants et consommateurs. Les *comptes courants* vont grandissant, le capital quitte plus facilement les caisses individuelles où il dormait, pour aller se loger, à la disposition du public, dans les caisses de la Banque; enfin les *mandats de virement* créés depuis 1824, et qui, d'après le compte-rendu, ne figuraient en 1832 que pour 2,400,000,000 de francs dans le mouvement général des caisses de la Banque, y ont figuré en 1852 pour 15,502,000,000 de francs.

Encaisses de la Banque de France.

Quelle que soit la difficulté de semblables appréciations, généralement on assigne à la France un chiffre de numéraire double au moins de celui de l'Angleterre. Cette abondance s'est constamment révélée dans les encaisses de la Banque qui, de 1831 à 1845, quelquefois supérieurs à sa circulation, n'ont jamais été en moyenne beaucoup au-dessous. Après avoir fléchi en 1846, 1847, 1848, pour les deux premières années à la suite de grandes importations de blés, pour la troisième sous l'influence de la révolution de Février et de l'effroi qu'elle inspirait, ils ont recommencé à dater du dernier semestre de 1849 à s'aligner avec le chiffre des billets. En octobre 1851, ils l'ont dépassé de 115 millions; mais à dater des derniers mois de 1852, il s'est produit un mouvement inverse, les espèces ont diminué, la circulation s'est accrue.

Cette circulation dépasse aujourd'hui de plus de 300 millions ce qu'elle était en 1846 (banques départementales et succursales comprises). Cet accroissement n'a pas, jusques à présent, suffisamment attiré l'attention publique, digne qu'il est cependant de la fixer, puisqu'il se présente avec les caractères d'un fait normal qui a fait son lit et pris son assiette. Pendant deux ans le billet de banque, déclaré monnaie légale, a pénétré les habitudes, vaincu les préjugés. Comment persister dans ces préjugés, quand la Banque et ses comptoirs, autorisés à en faire tous leurs paiements, n'en donnaient qu'avec une certaine parcimonie, que dans de certaines proportions, et forçaient le public à recevoir plus d'espèces qu'il n'en aurait voulu. En même temps s'émettaient les coupures de cent francs qui faisaient rentrer dans les attributions du billet de banque une multitude de paiements commerciaux, accomplis jusque-là avec des écus; se fusionnaient les Banques départementales; se créaient de nouvelles succursales; et les billets ramenés ainsi à l'unité d'une monnaie nationale, certains que les moyens d'échange ne leur feraient plus défaut, rencontraient, au lieu d'objections, un accueil empressé.

Grand développement de sa circulation.

Voilà la source de cet accroissement de circulation. Lors même que ce ne serait pas là ses dernières limites, la Banque qui est passive dans ce mouvement, qui y cède sans l'imprimer, ne saurait être accusée de dévier de ses habitudes de prudence, parce qu'elle ne songerait pas à se constituer un capital plus considérable en vue de cette nouvelle situation. Sur ce point, nous demandons à un de

Inutilité d'un plus gros capital pour la Banque de France

nos publicistes les plus distingués (1), qui s'est montré aussi lucide dans ses déductions économiques que ferme au maniement des affaires publiques, de ne pas partager ses craintes, que n'ont pas d'ailleurs justifié les faits accomplis depuis la reprise des paiements en 1850. Nous ne saurions croire avec lui, qu'une Banque de circulation et de dépôt, soit obligée à un capital considérable converti en numéraire et constamment disponible; que si elle n'a pas des espèces qui lui appartiennent en propre, *elle est incertaine de pouvoir fournir de l'or ou de l'argent aux porteurs de ces billets pressés de les convertir en espèces et aux déposants de ses comptes courants qui dans les moments difficiles retirent leurs fonds.*

Influence des révolutions de 1830 et de 1848 sur la Banque de France.

Quoique la Révolution de 1848 soit une de ces catastrophes contre lesquelles il n'y a pas de prévision possible, quoiqu'il n'y ait pas d'imprudence à ne pas organiser de moyens de sauvetage, contre un déluge universel, nous consentons à accepter l'épreuve comme normale; nous y joindrons volontiers la Révolution de 1830, en leur demandant à toutes deux de prononcer sur la suffisance ou l'insuffisance du capital de la Banque de France.

Les porteurs de billets *se sont-ils montrés pressés à les convertir en espèces?* Les dépositaires des comptes courants *sont-ils venus retirer leurs fonds?* Examinons :

En 1830, le dernier semestre, celui de la révolution

---

(1) *La Banque de France et la reprise des paiements en espèces*, par Léon Faucher. (*Revue des Deux-Mondes*, 15 août 1850.)

de Juillet, a vu grossir l'encaisse de la Banque, grossir sa circulation, grossir ses dépôts. 1831, sur lequel a plané un vague sentiment d'inquiétude, n'a pas ralenti cependant ce mouvement, et bientôt la réserve monétaire a atteint 265 millions, la circulation 238, et les comptes courants de commerce 116 millions, chiffres inconnus jusques alors au teneur de livre de la Banque.

En 1848, la circulation qui était de 233 millions au matin de la Révolution (24 février), s'élevait à 263 millions le jour de l'établissement du cours forcé. Loin de se ralentir, les dépôts des comptes courants étaient passés de 50 à 81 millions. Si la réserve espèces avait diminué de 82 millions, c'est que le Trésor y avait puisé 77 millions en vingt jours, et que la Banque s'était empressée de secourir le commerce d'un escompte de 110 millions; dans ces moments de crise, on reportait à la Banque la confiance de partout retirée. La mesure du cours forcé des billets aurait pu effrayer quelques imaginations; en rappelant la planche des assignats, faire cacher les écus; mais non, ils ont été d'eux-mêmes s'offrir à la Banque; les débiteurs qui avaient à se libérer avec elle, ont donné des espèces qui pouvaient gagner une prime en gardant des billets qui pouvaient se déprécier. En moins de huit mois (2 novembre 1848), l'encaisse de la Banque centrale s'était élevé du chiffre de 55 à 151 millions; celui des succursales de 52 à 102. Quels témoignages plus éclatants des racines de la Banque dans l'opinion publique, de sa supériorité à tous les événements, que le peu de sensation qui a suivi le retrait du cours forcé? Décrété sans que l'on s'en émut, il a été rappelé sans que l'on s'en aperçut; avant comme après, il a semblé que le régime avait été toujours le même.

Ce n'est pas nous qui songerons à contester la nécessité d'une réserve métallique un peu importante, comme gage de la convertibilité des billets; quoique persuadé qu'il survient certaines circonstances où la prudence la plus consommée doit se résigner à la voir fatalement entamer, où des escomptes libéralement accordés préviennent, au prix de quelques chances partielles, des désastres généraux; quoique persuadé que toute bonne valeur, sincèrement commerciale, et à courte échéance peut, sans aucun danger de dépréciation, provoquer l'émission d'une contre-valeur en billets de banque, — ces billets, si les besoins de la circulation les réclament, doivent s'y maintenir; s'ils y sont superflus, doivent rentrer, soit par les comptes courants, soit par les échéances du portefeuille. Mais cette réserve d'espèces reconnue nécessaire, faut-il la demander au capital de l'établissement, faut-il en grever les actionnaires? 200 millions ajoutés aux cent et quelques qui constituent l'avoir propre à la Banque de France, ajouteraient à ses charges huit à dix millions d'intérêt à distribuer annuellement à ses actionnaires anciens et nouveaux, sans lui mettre en portefeuille un seul effet de plus. Comment désormais, grevée de cette servitude, pourrait-elle traiter libéralement le public? Comment continuer ce système de grandeur et de désintéressement qui la fait ressembler plutôt à un établissement de l'État, qu'à une réunion d'actionnaires, vendant ses services au plus cher denier? A quoi bon une Banque privilégiée, s'il ne s'agit que de mettre en jeu les capitaux disponibles, les capitaux qui s'offrent aux emprunteurs? Que vient-elle ajouter à la fortune publique, que vient-elle faire enfin que de simples individus ne feraient pas mieux qu'elle?

Une Banque privilégiée n'est profitable qu'à condition de créer des ressources nouvelles ; de substituer, jusqu'à un certain chiffre, son papier comme instrument de circulation plus commode et plus rapide à la lourde et lente monnaie, en faisant passer ainsi une portion de cette monnaie, du compte onéreux *circulation* au compte fécond *capital;* elle n'est profitable qu'à condition de recevoir ces fonds qui, entre deux opérations, se reposent dans des caisses particulières, et de les mettre à la disposition des emprunteurs, sans qu'ils cessent pour cela d'être à la disposition de leurs propriétaires.

Si, à ces deux puissantes ressources aussi gratuites que légitimes, la Banque ajoute un capital qui lui soit propre, c'est moins pour développer ses moyens d'action que pour leur donner plus d'assiette, plus de consistance; c'est un gage qui garantit au public ses efforts en prudence et en savoir faire, et ce gage en France, malgré deux révolutions à dix-huit ans de distance, malgré les sinistres les plus menaçants, n'a jamais été compromis.

1830 avait fait tomber en souffrance cinq millions d'effets non recouvrés à l'échéance. 1848, cinquante-sept millions pour la Banque centrale, et dix-sept pour les Banques départementales et les comptoirs, ensemble quatre-vingt-quatre millions. Moins de deux millions quatre cent mille francs, c'est-à-dire le quart à peine du dividende annuellement distribué aux actionnaires, auront suffi en définitive pour balancer ces deux désastres. Comment, à de semblables épreuves, si heureusement traversées, ne pas reconnaître la sage constitution de l'établissement, en même temps que la suffisance du capital sur lequel il repose, le discernement de ses fonctionnaires et les excellentes traditions qu'ils se transmettent.

Capital de la Banque placé en rentes.

Ce capital, la Banque de France en engage une portion dans le mouvement de ses affaires, l'autre est placé en rentes. Elle ne saurait en faire un emploi plus intelligent; sous forme de rentes, il profite à ses actionnaires, tout en conservant les avantages de la réalisation si les événements l'exigeaient. Jeter une masse de rentes sur la place, sous le coup d'une crise, ce serait en accroître l'intensité; une Banque privilégiée sur laquelle repose la sécurité de tout le commerce, n'est pas précisément libre dans ces conjonctures, de ne voir qu'à son salut, et d'y sacrifier tout ce qui n'est pas elle; comme le capitaine en mer, elle est tenue de rester la dernière sur le navire qui menace de sombrer; mais si ces rentes ne sauraient être écoulées sur le marché intérieur qu'avec des précautions infinies, on peut les déposer, les engager, les réaliser au dehors, obtenir à leur aide des lingots ou des crédits, suivant que les besoins sont intérieurs ou extérieurs. L'emprunt fait en décembre 1846 aux capitalistes de Londres, la vente en mai 1847 au gouvernement Russe, témoignent suffisamment de l'efficacité de cette ressource.

Du capital de la Banque d'Angleterre

On a quelquefois voulu conclure l'exiguité du capital de la Banque de France d'un rapprochement avec le capital de la Banque d'Angleterre: 91,250,000 fr. à côté de 363,825,000 fr. Mais, en Angleterre, ces 363 millions restent totalement étrangers à l'encaisse, obligés qu'ils sont, aux termes de la loi de 1844, d'être immobilisés en valeurs publiques, comme contre-partie d'une même somme de billets livrés à la circulation, et d'ailleurs étant, jusqu'à concurrence de 275 millions, à l'état de simple créance du gouvernement, sans délivrance de titres réalisables. En Angleterre comme en France, c'est dans ce qu'on appelle là *les dépôts*, ici les *comptes courants*, et dans leur circulation, que les deux Banques puisent leur pouvoir de prêter. En étudiant les faits sur une échelle de plusieurs années, il leur est facile d'apprécier ce que, sans témérité et avec certitude de n'être pas forcées au remboursement, elles peuvent emprunter à ces deux ressources. Ainsi, la Banque d'Angleterre, dont la circulation s'élève aujourd'hui à 24 millions sterlings, après n'être jamais, depuis vingt ans, descendue au-dessous de 16, dont les dépôts, dans cette période, n'ont jamais été moindre de 6 millions sterlings, — après avoir quelquefois atteint 23 millions sterlings, comme en 1846 — peut, en toute sûreté, disposer pour ses opérations de 22 millions sterlings, comme s'ils étaient sa chose propre. On ne contestera pas, probablement, pour les temps qui sont passés, la même faculté à la Banque de France, jusques à concurrence de la somme de 222 millions, puisque de 1831 à 1847, elle n'a jamais vu descendre sa circulation au-dessous de 190 millions, et ses comptes courants au-dessous de 32. Provisoirement, nous écartons le compte du Trésor, qui grossirait beaucoup ce chiffre; bientôt nous dirons pourquoi.

Aujourd'hui, les choses ont changé de face; ce n'est plus cette circulation qui, jusques en 1847, n'avait jamais dépassé 311 millions — à quoi, pour être exact, il convient d'ajouter 100 millions émis pour la circulation des Banques départementales et des succursales. Après une moyenne de 522 millions en 1850, de 566 en 1851, de 584 en 1852, la Banque et ses annexes avaient circulants, le 10 mars 1853, 662 millions de billets. Ce mouvement s'est accompli sous des influences d'une nature permanente, progressivement, sans saccades, sans retour en arrière; avec toutes ces circonstances, nous ne croyons pas imprudent de considérer le chiffre de 600 millions comme celui autour duquel graviteront désormais les variations de la circulation, et de reconnaître là un accroissement notable des ressources de la Banque.

Du compte-courant du Trésor.

Les comptes courants, de leur côté, annoncent devoir être plus nourris. Les grandes opérations commerciales qui se centralisent à Paris, le stock toujours grossissant des fonds publics, actions, obligations industrielles, les transactions plus multipliées qui en sont la conséquence, obligent les capitalistes, banquiers, hommes d'affaires, à garder, à leur main, des réserves de plus en plus considérables pour être toujours prêtes, et tendent à élever, au profit de la Banque, le niveau des comptes courants du commerce. Celui du Trésor lui est également une ressource, mais d'une nature moins régulière, et qui, à en faire usage, requiert plus de prudence. Si M. le Ministre des Finances fait un retrait un peu considérable, il ne se trouve pas un autre déposant de son importance pour venir combler le vide qu'il a laissé; de plus, ce n'est pas un capital qu'il reprend pour le faire circuler à l'état de capital, à l'état de billet à banque, comme il advient des remboursements faits aux commerçants; ce sont des revenus qu'il va distribuer aux rentiers, aux salariés; les distribuât-il sous forme de billets à banque, ces billets ne seraient pas longtemps sans venir s'échanger contre des espèces; ce qui, était *capital* dans les mains de la Banque, passerait au fond de *consommation* et réduirait d'autant les sommes à la disposition des emprunteurs.

Quand, après la récolte de 1846, le gouvernement d'alors, vivement préoccupé des embarras et des souffrances que son insuffisance allait créer, chercha, sur toute la surface du pays, toutes les occasions d'y jeter du travail, quand il eut poussé les communes dans cette voie par des allocations proportionnelles aux sacrifices qu'elles s'imposaient, il fallut nécessairement venir à la Banque puiser au compte créditeur du Trésor; il fallut restituer aux communes ce que leurs besoins leur faisaient redemander à la Caisse des consignations, rembourser un certain nombre de déposants aux Caisses d'épargne; solder enfin tout ce surcroît de travailleurs qu'on venait d'appeler sur les routes, les canaux, les ports, les chemins de fer.

Voici la situation de la Banque centrale, en juillet 1846, avant la récolte, et en janvier 1847, après que la crise des subsistances se fut hautement déclarée :

	1846. — Juillet.	1847. — Janvier.
Portefeuille,	132,000,000.	203,000,000.
Encaisse,	200,000,000.	58,000,000.
Circulation,	262,000,000.	264,000,000.
Comp. cour. du com.,	59,000,000.	59,000,000.
Comp. cour. du trésor,	125,000,000.	49,000,000.

Ainsi, dans l'espace de six mois, l'encaisse de la Banque était descendu de 200 à 58 millions, sous l'influence du compte créditeur du Trésor réduit de 125 à 49 millions, sous l'influence des escomptes passés de 132 à 203 millions, pendant que les comptes courants du commerce restaient dans toute leur intégralité.

A la Révolution de 1848, on retrouve encore cette même différence caractéristique entre les deux natures de comptes courants : pendant que ceux du commerce s'élèvent du 24 février au 15 mars de 50 à 81 millions, celui du Trésor s'abaisse de 125 à 42 millions; après ce prélèvement de 83 millions, le décret du cours forcé vient fort à propos pour sauvegarder ce qui restait encore en caisse, car le 31 mars, le Trésor empruntait à la Banque 50 millions; le 5 mars suivant, 30 millions; plus tard, et à valoir sur la convention du 3 juin, 50 autres millions, en même temps que, rappelant à lui ce qui restait à l'avoir de son compte, il n'était plus créditeur, le 7 juillet, que de 5 millions, et, le 2 novembre, de 2 millions. Assurément, le capital de la Banque — alors de 77 millions — eût-il été religieusement conservé dans les caveaux de la Banque, suivant la doctrine de ceux qui voudraient l'accroître et le monétiser, qu'il n'eût pas suffi à ces besoins sans cesse renaissants, et qu'il eût fallu encore proclamer le cours forcé.

Des avances de la Banque sur valeurs de chemins de fer.

Si, par suite du développement de la circulation, la Banque de France a vu grandir ses ressources, cette surabondance doit-elle la pousser à sortir de ses attributions commerciales autrement que par exception et pour aider l'Etat ou le public à traverser un moment difficile?

La place de Paris était-elle — aux termes du rapport de M. le Gouverneur — *menacée d'une perturbation* quand, dans le dernier trimestre de 1852, *la Banque a avancé, sur valeurs de chemins de fer et sur rentes, la somme énorme* de 170 millions? La Banque, *en abandonnant le taux de 4 0/0 pour faire un pas vers le système de l'intérêt mobile, adopté depuis longtemps dans un pays voisin.* — Pour emprunter les expressions de MM. les Censeurs de la Banque, dans leur rapport du 29 janvier dernier, a-t-elle fait une heureuse innovation? Est-ce là ce qui a grossi son portefeuille, animé les affaires? L'influence de cet abaissement a-t-elle été aussi généralement sentie qu'on aurait eu le droit de l'attendre, s'il avait été en harmonie avec la situation générale des choses ? N'est-ce pas une grave dérogation à ce rôle modérateur qui, jusqu'alors, avait été dans ses goûts, dans ses habitudes, et qui, nous ne craignons pas de le dire, est le premier de ses devoirs?

La Banque s'applique soigneusement, quand elle scrute ses portefeuilles, à distinguer de la masse ces valeurs que se consentent mutuellement des commerçants, lesquels ne se sont rien vendu, rien acheté, mais qui ont besoin, aidés les uns des autres, de nourrir d'anciens découverts, d'anciens emprunts; valeurs qui n'ont d'échéance que pour la forme, et qui se perpétuent tant qu'on consent à les accueillir; dites en France de *circulation*, en Angleterre d'*accomodation*. La Banque les repousse autant qu'elle le peut, lors même que les souscripteurs seraient encore en plein crédit, de même qu'elle n'accepte ou plutôt qu'elle ne renouvelle qu'avec certain déplaisir, les billets des propriétaires ruraux, malgré la sécurité qui s'attache à leur position. Elle veut bien *escompter*, mais elle évite de prêter. Elle veut bien payer pour un débiteur, deux ou trois mois plus tôt, ce qu'il ne sera en mesure de payer que deux ou trois mois plus tard, certaine qu'elle est, par la nature des transactions, que les marchandises contre lesquelles il a donné son billet lui fourniront les mesures de l'acquitter; mais, avec raison, elle se refuse à se substituer à d'anciens créanciers, à fournir à un manufacturier de quoi construire son usine, à un propriétaire de quoi améliorer son champ ou en acheter un autre, ne voyant ni là, ni là, un capital bientôt réalisable, un capital prochainement débarrassé de ses dernières entraves et venant la désintéresser. Ces fonds qu'elle donne ne sont pas les siens; à chaque instant on a le droit de les lui redemander; il faut donc qu'elle ne les engage que là d'où ils pourraient être promptement et sûrement dégagés, SANS QU'UN AUTRE PRÊTEUR SOIT OBLIGÉ DE PRENDRE SON LIEU ET PLACE. « Craintes chimériques, dira-t-on, on ne les lui redemandera pas. » Pourquoi? Parce qu'on a la confiance qu'elle est toujours en mesure de les rendre, parce qu'en fait les échéances de son portefeuille commercial, par leurs dates rapprochées, constituent presque un encaisse. Mais qu'elle essaie demain de changer ses habitudes, de prêter à long terme, de ne chercher dans la position de ses emprunteurs que l'assurance d'en être remboursée un jour ou l'autre, sans échéances fatales; et elle verra bientôt ce que deviendront, dans l'incertitude de la *convertibilité* immédiate, sa circulation et ses comptes courants.

Nous n'avons pas besoin d'insister sur l'analogie existant entre les opérations que nous venons de signaler, comme sagement répudiées par la Banque, et des prêts sur rentes ou valeurs de chemins de fer, dont elle voudrait faire ses transactions les plus habituelles. Si elle devait en compter souvent pour 170 millions dans son actif, c'est alors que nous nous joindrions à ceux qui demandent l'augmentation de son capital.

A des capitalistes seuls, en effet, il appartient de pourvoir au besoin d'une nature immobilière comme ceux des chemins de fer; prêter de l'argent à leurs actionnaires ou aux porteurs de leurs obligations, verser à leur place ce qu'ils ne sont pas en mesure de verser, c'est de la part de ces capitalistes engager la somme prêtée dans leur construction; c'est la faire passer de l'état de capital *circulant* à l'état de *capital fixe*; assurément, à la Banque moins qu'à tout autre, il appartient de faire cette transposition. Si ces emprunteurs, dans un but de spéculation, dans l'espoir de revendre bientôt avec prime, ont acheté plus qu'ils ne pouvaient garder, ils ne sauraient se décharger avec bénéfice de ce trop plein, qu'autant que l'épargne aura amené sur le marché des capitaux fraîchement formés et à condition de n'enlever à aucuns de leurs emplois ceux déjà engagés; ce serait en vain, que pour leur venir en aide, les intelligences financières les plus exercées, déploieraient leur savoir-faire, multiplieraient les combinaisons, grefferaient institutions sur institutions, à titre d'intermédiaires entre les prêteurs et les emprunteurs; ces nouvelles institutions ne seraient pas plus capables que la Banque de prêter déjà des capitaux qui n'existent pas encore.

En général, on ne se pénètre pas assez de tout ce qu'il y a de distinction à faire entre les escomptes du commerce et les autres natures de prêt. Il y a derrière un effet de commerce, un capital marchandise préexistant, disponible, qui en a été l'occasion, qui est sa contre-valeur, la certitude de son acquittement. Qu'y a-t-il derrière un dépôt de valeurs de chemins de fer, un dépôt de rentes? Le droit de toucher des dividendes, des arrérages, de recomposer après une longue période le capital déboursé, par la puissance de l'amortissement. Incontestablement le gage est solide, mais s'en suit-il qu'il soit disponible? Répond-il par sa nature à la nature du prêt, aux besoins du remboursement, quand la Banque qui ne peut faire que des prêts passagers demandera à être remboursée?

On dira peut-être que nous oublions la Bourse, ce marché toujours ouvert, où les acheteurs ne manquent jamais aux vendeurs; mais c'est écarter la difficulté sans la résoudre. En effet, si ces valeurs n'ont été déposées à la Banque, comme dans le cas dont il s'agit, que pour obtenir les fonds nécessaires à des entreprises nouvelles, s'il y a des entreprises nouvelles à alimenter, il faut de toute nécessité des ressources nouvelles, des ressources libres. Les rails qui sont en place ne peuvent pas acheter de nouveaux rails, les pierres maçonnées faire de nouveaux ponts. L'acheteur qui vient pour se substituer à la Banque, doit donc être pourvu d'un capital tout frais; à défaut, s'il a été forcé, pour faire cette affaire, de réaliser ailleurs, d'enlever à une autre industrie ce qu'il vient apporter à celle-là; s'il découvre à droite pour couvrir à gauche, s'il y a enfin un commencement de déclassement dans les capitaux, c'est le signal d'une perturbation prochaine; elle deviendra bientôt universelle, et en voulant vivifier une industrie, on les aura toutes compromises.

C'est donc notre conviction profonde, que la Banque de France en élargissant dans le second semestre de 1852 le cercle de ses avances sur valeurs publiques et valeurs de chemins de fer, courait risque d'engager une crise, *au lieu d'en préserver la place de Paris* (1); que le public a eu plus à regretter le concours trop actif qu'elle lui a prêté en cette circonstance qu'à s'en applaudir.

Si l'on remonte à cette époque, quoi de plus significatif que la frénésie de la Bourse redoublant à mesure que la Banque redoublait ses subsides; que cette exagération toujours croissante, après son intervention, de toutes les valeurs, exagération que ne justifiaient ni des données définitives sur leur revenu, ni le chiffre des capitaux disponibles. La réaction était dans la force des choses, elle est venue, et nous osons croire que si le marché avait été laissé à lui-même, si la spéculation n'avait pas essayé de faire violence aux cours, ils seraient aujourd'hui plus élevés qu'ils ne le sont. Que la Banque soutienne les déroutes, rien de mieux; mais elle ne doit pas engager les batailles. En invoquant cette règle de conduite, nous ne faisons au reste que lui remettre sous les yeux ce qu'elle avait jusques alors si constamment et si judicieusement pratiqué.

---

(1) Dans le dernier trimestre de 1852, la Banque a avancé sur valeurs de chemins de fer et sur rentes, la somme énorme de 170 millions, afin de préserver la place de Paris d'une perturbation dont elle paraissait menacée. » (*Rapport de M. le Gouverneur de la Banque*, 29 *janvier* 1853.)

Louable intervention de la Banque dans la conversion.

Toutefois, après avoir regretté son intervention dans cette circonstance, nous y applaudissons de tout notre cœur dans une circonstance qui a précédé, parce que sous les mêmes dehors, elle avait un autre caractère. Nous voulons parler du crédit de 150 millions voté par la Banque au moment où s'accomplissait la conversion du 5 p. 100. La conversion était décrétée, c'était la mise à exécution des bases qui, pendant dix ans, avaient réuni de grandes majorités dans la Chambre des députés et qu'avait toujours sanctionnées l'opinion. La mesure était entamée; il ne fallait pas d'hésitation, il ne fallait pas qu'un seul moment son issue semblât douteuse; l'incertitude du succès eût troublé toutes les autres affaires. L'attitude de la Banque a écarté ce danger. Que faisait la Banque cependant en intervenant, en offrant son concours? Est-ce qu'elle venait engager ses ressources là d'où il lui deviendrait difficile de les retirer? est-ce qu'elle venait fournir un capital à un emprunt nouveau à défaut d'autres capitaux pour le remplir? Elle prenait tout simplement la place de capitaux existants, de capitaux déjà classés, dans la rente, qu'un moment de doute, un premier mouvement de crainte, pouvaient en faire sortir, mais qui n'auraient pas cessé pour cela d'être disponibles. Par son heureuse intervention elle leur donnait le temps de se rassurer et de racheter ce qu'ils auraient vendu. Dans la décision de la Banque, il y avait à la fois, patriotisme, intelligence de la situation et rigoureuse observation des règles économiques.

Nous voyons quelques économistes, en Angleterre

surtout, concéder à une grande Banque de circulation, en dehors du devoir d'assurer la convertibilité de ses émissions, et ce devoir une fois satisfait, la même liberté d'allures qu'à une grande maison de commerce, la même indifférence pour ce qui n'est pas l'intérieur de son ménage; peut-être, est-ce sous l'empire des idées du *felf governement* que l'on se montre si peu exigeant; peut-être aussi nous trouve-t-on, à notre tour, dominé par nos idées françaises *de centralisation*, lorsque nous demandons à cette Banque, en retour de la puissance colossale qu'on lui a octroyée, une tutelle sévère, une vigilance active sur les écarts du crédit, et un aide secourable quand, les étourderies faites, il n'est plus temps de faire la morale à l'enfant de la fable tombé au fond du puits. A défaut de ce caractère modérateur, on devrait hésiter à lui conférer le monopole de la circulation; ce sont autant d'obligations morales qui, pour n'être pas inscrites dans sa charte, n'en sont pas moins réelles; elles sont le prix de son privilége.

La Banque de France n'y avait jamais fait défaut jusques à sa malheureuse intervention dans les affaires de Bourse à la fin de 1852. Toujours calme quand le public perdait la tête, se défendant de ses ivresses comme de ses découragements, jusque-là, elle s'était appliquée à tenir en bride tous les mouvements désordonnés des affaires, sauf, quand sa prudence n'avait pu conjurer tous les désastres, à faire front de toutes ses ressources pour les arrêter.

Efficacité des secours de la Banque de France dans les embarras de 1839 et 1847.

Quand le *Journal des Débats* imprimait que les *Banques augmentaient l'intensité des crises par la nécessité où elles sont de ralentir leurs crédits au moment où ils seraient le plus nécessaires*, probablement il n'avait pas fouillé les rapports que publie annuellement la Banque de France, rapports de ses gouverneurs et de ses censeurs, répertoire instructif. En y étudiant l'historique des crises commerciales, de celles surtout assez récentes pour qu'on s'aide du contrôle des souvenirs, 1838-1839, 1846-1847, mieux informé, il aurait été plus juste envers la Banque de France. A dater de 1836, avait commencé sous l'influence d'un entraînement commercial, devenu une épidémie universelle, une suite d'embarras, de fluctuations, qui, pour avoir leurs sources principales en Angleterre et aux États-Unis, ne réagissaient pas moins partout et menacèrent vivement en 1839 notre marché national. A la naissance du mal, à la fin de 1836, les opérations de la Banque ne s'élevaient qu'à 972 millions; en 1839, quand il devint plus menaçant, au lieu *de ralentir ses escomptes*, la Banque sut bien les porter à 1,454 millions, et le mal fut conjuré. Plus tard, 1846, 1847, ont vu conspirer ensemble deux causes de perturbation : des spéculations désordonnées sur les actions industrielles et une disette européenne; ont vu s'exporter, pour solder au dehors les subsistances achetées, l'or et l'argent au moment où ils auraient été le plus nécessaires à l'intérieur, pour rassurer le crédit ébranlé. La Banque de France, tout en prenant les mesures nécessaires pour ne pas laisser épuiser son encaisse, a agrandi, encore cette fois, ses crédits avec les exigences de la situation ; elle avait donné au public 1,498 millions en 1845 ; elle en a donné 1,726 l'année suivante, et DIX-HUIT CENT CINQUANTE-TROIS en 1847. Est-ce là de *l'impuissance* et du *ralentissement ?*

Au reste, grâce au taux de l'escompte reporté de 4 à 5 0/0, suivant décision du Conseil de la Banque du 14 janvier 1847, en même temps par suite de cette loi naturelle qui veut que des exportations d'espèces, quand elles sont provoquées par des circonstances exceptionnelles, quand elles ne sont pas dans le courant habituel des affaires, ne tardent pas à amener le reflux, au mois de juin suivant, l'encaisse de la Banque centrale s'était relevé de 58 à 94 millions et celui des succursales de 21 à 52 millions ; et cependant la crise des subsistances persévérait, les farines d'Amérique étaient cotées encore, au Havre, à 60 fr. le baril, les froments de même provenance à 47 fr. les 100 kilog. ; et cependant l'Angleterre marchait à cette crise d'octobre qui faillit être si fatale à son commerce, pour avoir voulu placer dans le mécanisme inflexible d'une loi, des règles de conduite, qu'en matière de banque, il faut laisser à l'appréciation intelligente des hommes.

Crises commerciales et leurs causes.

Il y aura toujours des crises commerciales, quoi qu'on fasse, même en dehors des révolutions. Après une période d'incertitude et d'angoisses, de productions et de consommations restreintes, la stabilité raffermie relèvera les espérances ; de ce qu'un vide qui s'était formé et qu'il aura fallu remplir, aura donné une activité extraordinaire aux manufactures, on sera enclin à prendre cette activité pour une moyenne, et sans réflexion, on se règlera dessus; de ce que les valeurs publiques et industrielles, avilies par la peur, auront repris rapidement leur niveau, on en conclura que l'impulsion donnée doit se continuer et les porter au-delà, sans se demander, si à un taux plus élevé, les capitaux ne les quitteront pas pour aller se caser dans des transactions plus profitables. De même, sans mesurer les forces du pays, sans compter avec le chiffre possible de ses épargnes annuelles, parce que deux ou trois cent millions d'actions nouvelles se seront placés avec de larges primes, il y aura preneurs ou poursuivants pour toutes les entreprises, au risque de voir plus tard les bonnes précipitées par les mauvaises dans une chute commune; il faudra toute la prévoyance, toute la sagesse du gouvernement pour résister à ces tendances, et préserver le marché de nouvelles surcharges.

D'autre fois, ce sera une suite d'années fécondes qui, comme 1821 — 1826, 1832 — 1836, auront répandu à profusion tous les biens de la terre, et enrichissant les consommateurs de tout ce qu'ils auront eu de moins à payer, pour leur alimentation, leur auront fourni ainsi les moyens d'élargir le cadre de leurs autres dépenses. Les importateurs, les spéculateurs, les manufacturiers enhardis par des consommations toujours croissantes, les tenant pour un fait acquis à tout jamais, se disputeront les matières premières, s'approvisionneront chèrement, démesurément, sans calculer si le revenu du pays, qui en définitive est la règle et la mesure des consommations, la règle et la mesure du prix qu'on y peut attacher, sera suffisant pour vider les magasins et sanctionner les prétentions des vendeurs. Bientôt cette veine d'abondance se tarira suivant cette loi d'intermittence contre laquelle sont vains tous les efforts de l'agriculture ; il faudra payer vingt à vingt-deux francs cet hectolitre de blé que quatre à cinq ans de suite on n'avait payé que quinze et seize ; le grand rouage de la consommation se rallentira, il sera déjà arrêté que les rouages du commerce et de l'industrie tourneront et produiront encore avec leur vitesse acquise. Bientôt cependant ils s'arrêteront à leur tour au milieu d'un encombrement général ; tout le monde offrira, personne ne demandera ; les prix les plus raisonnables ne trouveront pas preneurs ; le crédit qui avait secondé toutes ces exagérations, s'alarmera à son tour ; il fermera ses caisses ; rappellera ses capitaux ; se fera impitoyable envers ces mêmes clients que naguère il sollicitait. Bien heureux le pays, si dans ces circonstances, il a, à sa main, un grand établissement qui, resté étranger à tous ces désordres, relève son courage, facilite sa liquidation et le sorte de la crise.

Longue résistance de la Banque de France à un abaissement du taux de l'escompte.

Parmi les causes qui décident les entraînements commerciaux, quand il y a tendance dans cette voie, il faut compter comme une des plus actives, un abaissement momentané du taux de l'intérêt. La Banque de France avait eu pour principe, jusqu'à ces derniers temps, de laisser le marché à lui-même, et de se tenir en dehors de ses fluctuations. Ce n'est pas qu'on ne l'eût, plus d'une fois, provoquée à descendre le taux de ses escomptes au-dessous de 4 0/0; que des réclamations partielles, tantôt de quelques commerçants, tantôt de quelques actionnaires, quand ses caveaux étaient pleins et son portefeuille peu garni, n'eussent cherché à l'ébranler, prétendant qu'un abaissement de l'intérêt rendrait de l'activité aux affaires, tout en grossissant les dividendes. La Banque avait toujours résisté (1); elle jugeait, et sainement suivant nous :

Que dans un moment où l'argent était généralement offert, à quelque taux qu'elle donnât le sien, elle ne

---

(1) Pendant ces vicissitudes diverses, la Banque a maintenu invariablement le taux de ses escomptes à 4 p. 100; aussi, le taux général de l'intérêt n'a pas sensiblement varié en France, tandis qu'il s'est élevé à 6, à 8, à 10 p. 100 par an, et même à 2, à 3 p. 100 par mois dans d'autres pays. C'est toujours aux époques de gêne que la Banque a pourvu le plus abondamment aux besoins du commerce et de l'industrie.

(*Rapport de M. le Gouverneur de la Banque*, 30 janvier 1840.)

Si une expérience de vingt années n'avait prouvé d'une manière décisive les avantages de la fixité du taux de l'escompte par la Banque, on aurait pu croire à la convenance de l'établir au-dessous de 4 p. 100 ; mais, outre que ce cours n'est pas trop élevé, comparé à celui que rendent les valeurs du Gouvernement, à celui des placements sur hypothèques, au cours de l'intérêt de l'argent sur les autres grandes places d'Europe, la certitude pour le commerce de trouver constamment de l'argent sur de bonnes valeurs, à un taux égal et modéré, est un point si important pour la sûreté des opérations et le maintien du crédit, qu'il doit faire passer sur la possibilité d'avoir momentanément l'escompte au-dessous de 4 p. 100, surtout quand il y a certitude qu'il faudrait l'élever dans les moments de gêne ou d'embarras, qui ne reviennent que trop souvent. Aucun des membres du Conseil général de la Banque n'a pensé qu'une pareille proposition puisse être remise en délibération, dans l'intérêt fort éventuel d'une augmentation de produits.

(*Rapport de M. Odier, censeur*, 27 janvier 1842.)

Quelques actionnaires nous ont fait observer que la Banque, en diminuant mettrait jamais la main sur ces valeurs d'élite, ces acceptations dorées que se disputent à tout prix, dès qu'elles se montrent, les gros capitalistes pour employer passagèrement des encaisses oisifs;

Que le réveil ou l'alanguissement des affaires étaient l'expression vraie de la situation générale, la résultante du degré de confiance des producteurs, du degré de bien-être des consommateurs; qu'essayer par des moyens factices de changer ce courant d'opinion, ce serait faire engager des capitaux là où ils n'étaient pas requis, provoquer des importations qui ne trouveraient pas de dé-

---

le taux de son escompte, ferait venir une assez grande quantité de papier, non-seulement pour ne pas rendre cette différence onéreuse à ses intérêts, mais qu'elle serait de nature à augmenter ses bénéfices. Nous ne partageons pas cette opinion, et ne pouvons que vous répéter ce que nous avons dit précédemment sur la convenance de la fixité de ce cours de 4 p. 100 : qu'une expérience de plus de vingt années en a fait sentir la sagesse et l'importance; qu'il assure au commerce la possibilité de satisfaire constamment à tous ses besoins d'argent dans les moments de pénurie et même d'embarras; que les temps de la grande abondance d'argent ne sont pas d'assez longue durée pour risquer, après avoir baissé le cours, de devoir le relever promptement; et que, dans ce moment surtout, des opérations qui sortent du cours ordinaire des affaires sont plus à redouter qu'une continuité de longueur. (*Rapport de M. Odier, censeur*, 28 janvier 1845.)

Pendant l'année qui vient de s'écouler, les actions de chemin de fer ont absorbé une grande partie des capitaux qui, au commencement de cette même année, venaient s'offrir sur la place à moins de 4 p. 100. Si, au moment où l'argent était abondant, la Banque se fût laissé aller à une baisse du taux de l'intérêt, elle eût ajouté une nouvelle surexcitation à la fièvre de la spéculation. En restant fidèle à ses principes de prudence, il lui a été permis de présenter au commerce un abri contre la réaction du mouvement de bouchés, enchérir des marchandises au-delà de la portée des consommateurs, bâtir des quartiers sans locataires, pousser les valeurs publiques à un chiffre qui n'effraierait pas les joueurs, mais ferait reculer les épargnes ; enfin, entretenir des illusions que viendrait bientôt dissiper une liquidation désastreuse ;

Qu'un 1/4 p. 0/0 de moins à payer sur un escompte à trois mois, ne serait jamais, aux yeux des commerçants sensés, une incitation suffisante pour mettre des navires en chantier, rallumer des fourneaux éteints, multiplier les broches des filatures ; que, depuis les soieries somptueuses à 12 et 15 francs le mètre jusques au modeste calicot

---

la Bourse, et d'éloigner, par de larges escomptes, des embarras qui menaçaient de porter la perturbation dans les différentes branches de l'industrie.

(*Rapport de M. Paillot*, *censeur*, 29 janvier 1846.)

Vous le savez, Messieurs, depuis quelque temps on reprochait à la Banque de laisser improductifs des capitaux considérables et de faire un usage trop modéré de l'immense crédit que lui avaient fait acquérir la sagesse, l'ordre et la régularité de ses opérations.

On ne lui tenait pas compte des ressources extraordinaires que nécessitait le développement successif qui caractérise sa marche et celle de ses comptoirs depuis quelques années.

On semblait ignorer que les sommes considérables renfermées dans les caves et caisses de la Banque appartenaient, en grande partie, aux comptes-courants du public et principalement à celui du Trésor, qu'elle n'en était que la gardienne et que ses devoirs lui faisaient une loi de surveiller et conserver ce dépôt qui lui était confié, et que des circonstances fortuites et indépendantes de sa volonté pouvaient lui faire retirer inopinément.

Ces prévisions, qui avaient frappé l'esprit de vos administrateurs, se sont malheureusement réalisées.

(*Rapport de M. Moreau*, *censeur*, 28 janvier 1847.)

de 40 centimes, il n'y aurait pas une étoffe qui, soit dans son prix, soit dans sa consommation, pût ressentir une influence quelconque d'un si léger adoucissement dans les frais de production.

Enfin, toujours prête qu'elle était à escompter tous les bordereaux valides qui seraient présentés, toujours empressée d'accueillir les fortunes moyennes, quand, chez les souscripteurs, elles s'alliaient avec la bonne conduite des affaires, la Banque de France avait la conscience qu'en maintenant à un taux d'intérêt jusques alors inférieur à celui des bons placements mobiliers, des placements hypothécaires de premier ordre, de la dette de l'État — le plus solide des emprunteurs, puisqu'il a pour répondre de ses engagements la fortune de tout le monde — elle travaillait à la régularité, à la stabilité du commerce, et accomplissait ainsi le premier de ses devoirs.

Variations du taux de l'escompte à la Banque d'Angleterre.

La Banque d'Angleterre, de 1835 à 1836, avait fait varier le taux de son escompte de 3 1/2 à 5 pour 100; de 1838 à 1839, de 4 à 6 pour 100. En 1847, elle l'a modifié neuf fois en onze mois, lui faisant parcourir successivement tous les degrés de l'échelle compris entre 3 et 9 pour 100. Dernièrement encore (le 22 janvier), elle vient de le relever à 3 pour 100 après l'avoir abaissé à 2 pour 100 au mois d'avril précédent, émue qu'elle était de voir fléchir son encaisse. En effet, en moins de deux mois, il avait faibli de 75 millions, et comme Paris et Londres tendent de plus en plus à subir les mêmes influences, on peut remarquer, dans les situations publiées par la Banque de France, un mouvement identique qui, commencé à la fin d'octobre dernier, se traduisait au 10 février par une diminution de 107 millions.

Sans doute la Banque de France, quand elle s'est déterminée à abaisser à 3 pour 100 ses conditions d'escompte, n'a pas eu en vue d'imiter cette mobilité; sans doute elle a voulu faire désormais du taux de 3 pour 100, cette base de stabilité qu'elle avait cru longtemps avoir rencontré dans le taux de 4. En changeant le chiffre, elle a pris en *considération*, dit M. le Gouverneur dans son dernier compte-rendu, *l'abaissement général de l'intérêt de l'argent*, *et a voulu donner une puissante impulsion aux affaires.*

Vouloir donner une puissante impulsion aux affaires, au lieu de se contenter de seconder leur mouvement naturel, c'est, ce nous semble, répudier le système de conduite jusques alors si sagement adopté et si résolument suivi; de même que constater L'ABAISSEMENT *général du taux de l'intérêt*, c'est peut-être s'arrêter plutôt à la surface qu'aller au fond des choses.

L'intérêt a-t-il baissé depuis 1845 et pouvait-il baisser ?

Évidemment il ne saurait être question de comparer 1852 avec 1848, de rechercher combien l'intérêt a fléchi entre ces deux dates: c'est à 1844, 1845, 1846, qu'il faut remonter, laissant de côté 1847 comme affecté par la question des subsistances. Consulterons-nous la cote des fonds publics en France et en Angleterre? En 1845, à côté des consolidés 3 p. 100, alors au pair en Angleterre comme ils le sont aujourd'hui, nous citerons chez nous, à la même époque, le 5 p. 100 à 120 fr., le 4 p. 100 à 108, et le 3 p. 100 à 84.

La Banque d'Angleterre, qui escompte actuellement à 3 p. 100, escomptait à 2 1/2 dès le mois d'octobre 1844, et maintenait ces conditions jusques en avril 1846.

Chercherons-nous des inductions dans la valeur vénale des propriétés, excellent thermomètre qui, comme chacun sait en temps normal, marche toujours en sens inverse de l'intérêt? Personne sans doute ne prétendra que cette valeur soit supérieure aujourd'hui à ce qu'elle était il y a sept ou huit ans, et cependant, après les soins que s'est donné la Bourse dans ces derniers temps pour accréditer *la baisse de l'intérêt*, les échos qu'elle a trouvé dans les journaux, s'il était un refuge naturel pour les capitaux, menacés d'être moins profitables, c'était les placements immobiliers dont les conditions n'avaient point varié.

Il y avait donc, dès 1844, 1845, 1846, pour la Banque de France, les mêmes raisons de faire alors ce qu'elle a fait plus tard en 1852; ou elle devait maintenir en 1852 ce qu'elle avait maintenu en 1844, 1845, 1846. Les faits étant les mêmes aux deux périodes, faut-il croire que les principes auraient changé?

L'intérêt a ses lois qui sont bien simples, mais aussi qui ne veulent pas qu'on leur fasse violence. Il ne pouvait se trouver réduit en 1852, que parce qu'une plus grande masse de capitaux auraient été offerts à un même nombre d'emplois, ou parce qu'un moins grand nombre d'emplois auraient été ouverts à une même masse de capitaux. En temps régulier, l'épargne va toujours grossissant; mais :

Avec les sacrifices extraordinaires de 1847;

Avec la prostration commerciale de 1848;

Avec les incertitudes qui n'ont cessé qu'avec 1852; suppose-t-on qu'elle ait été considérable ? Ne perdons pas de vue que depuis 1848, elle a eu à faire les fonds de l'emprunt national, de l'emprunt du 24 juillet 1848, du versement complémentaire des actionnaires du chemin de Lyon, qui, ensemble, ont jeté sur la place 18 millions de rentes nouvelles à absorber; qu'elle a eu à alimenter *la dette flottante* qui, après s'être libérée envers les Caisses d'épargne, envers les porteurs de bons du Trésor, au moyen d'inscriptions de rente, est redevenue débitrice de nouveaux bons négociés, des Caisses d'épargne remises à flot, et en définitive, suivant le rapport de M. le Ministre des finances du 1er février 1853, se trouvait reconstituée à 690 millions (1). Rappelons aussi les 285 millions réalisés en 1852 à la destination des chemins de fer, lesquels devront être suivis de 154 millions en 1853, et postérieurement de 372 millions, comme complément des projets en cours d'exécution; les appels de fonds, du *crédit foncier*, du *crédit mobilier*, d'autres sociétés de moindre importance, et reconnaissons là

(1) Pour être exact, il ne faut pas omettre, dans cette énumération, l'impôt des 45 centimes et les 191 millions qu'il a détournés de l'épargne, pour des dépenses improductives.

une série d'emplois qui ont dû s'emparer des capitaux de récente formation, si même ils n'ont pas empiété sur ceux qui avaient déjà d'autres destinations. Comment prétendre à un abaissement des loyers, si la construction ne marchait plus rapidement que la population, si les locataires étaient plus nombreux que les appartements?

Un fait auquel, dans cette question, on ne nous semble pas avoir attaché l'attention qu'il méritait, parce qu'au premier coup d'œil, il y paraissait étranger, c'est le vide qui s'est fait, depuis 1848, dans les approvisionnements du pays et la nécessité de le combler, revenue aujourd'hui avec la reprise des affaires. Ce vide n'aurait-il pas été l'occasion de quelques illusions, en faisant apparaître comme de nouvelles forces disponibles des capitaux anciennement créés, momentanément dégagés de leurs emplois habituels; mais devant, d'un moment à l'autre, y être rappelés?

A dater de la Révolution de 1848, commence, et en sens inverse, une nouvelle direction dans le mouvement commercial de la France à l'extérieur:

La moyenne des importations, pour la consommation intérieure du pays, pendant les trois années 1844 — 1845 — 1846, avait été de 881 millions; elle descend à 780 millions pour les années 1849 — 1850 — 1851;

La moyenne des exportations en produits nationaux, qui n'était que de 830 millions pour la première période, s'élève pour la seconde à 1,131 millions; différence annuelle de 401 millions entre les deux.

Depuis 1848, on a plus vendu, on a moins acheté

au dehors, on a très probablement ainsi grossi les encaisses, mais on a dégarni les entreprôts, les magasins, et cependant il leur faudra rendre leurs approvisionnements, leurs fonds de roulement; il faudra retirer pour cela du marché ces capitaux, que ce changement de front dans la marche des affaires, y avait momentanément amené.

Que nous sommes impatients! Après avoir été à deux doigts de notre perte, ballottés quatre ans, en vue d'un écueil qui semblait inévitable, nous voudrions déjà nous croire plus riches qu'avant 1848; nous ne savons pas nous tenir content d'avoir retrouvé intact le chiffre de notre ancien inventaire, contents d'avoir pu renouer si rapidement la chaîne de nos prospérités. Elles se développeront encore certainement au milieu de cette sécurité que nous donne l'attitude à la fois ferme et pacifique de notre gouvernement, de cette ardeur du bien-être qui est l'âme du travail. Mais de ce que l'intérêt de l'argent pourrait fléchir encore avec la multiplication des capitaux, ne nous hâtons pas de prononcer qu'il a déjà fléchi, quand les faits sont là pour démontrer qu'il n'a pas varié, et qu'il n'avait pas sa raison de varier.

En même temps, ne grandissons pas plus qu'il ne faut l'importance de cet abaissement; gardons-nous d'asseoir sur ce seul fondement l'avenir de notre commerce, la fécondité de notre production. Il ne serait pas difficile de citer des époques de langueur, que l'argent longtemps à bas prix n'a pas suffi à ranimer. Estou bien certain d'ailleurs d'être profitable également à toute la communauté en poursuivant cette dépression excessive de l'*intérêt?* — C'est pour produire, dit-on, à meilleur marché ; — à ce compte on pourrait aussi, invoquant le même prétexte, souhaiter la dépression de la main-d'œuvre, cet autre instrument de la production.

Effets d'un abaissement démesuré dans le taux de l'intérêt.

En France, avec nos fortunes morcelées, les petites proportions, la timidité de nos entreprises, les épargnes ne sont pas le superflu de quelques gros privilégiés; que d'abeilles à l'œuvre dans cette ruche où se rassemble le capital; que de privations on s'y impose, que de luttes entre l'amour du bien-être et la prévoyance! Citoyens utiles, modestes artisans d'une grande œuvre, qui, en croyant ne travailler que pour eux, travaillent au profit de la communauté tout entière; qui lui préparent ses moyens d'action, forgent des outils pour les bras à venir, et posent, sans s'en douter, la première pierre de ces grandes entreprises dont la Bourse fera, plus tard, tant de bruit et quelquefois tant d'argent. Découragez-les, dépréciez sans mesure le fruit de leurs labeurs et vous aurez tué l'épargne, ce grand principe de moralité; et vous aurez tari la source où vous étiez heureux de puiser, en même temps, que vous ouvrirez carrière aux prodigalités et aux entreprises les plus extravagantes.

Crédit agricole. Ses illusions.

Nous ne saurions donc prêter à un degré d'abaissement de plus dans le taux de l'intérêt, une fois ramené à des conditions modérées, l'influence magique qu'on lui suppose sur le commerce et sur l'agriculture. Sur le commerce, nous avons dit pourquoi; sur l'agriculture, nous sommes encore plus incrédule. Une grande sécurité, des impôts modérés, des communications très multipliées dans le rayon de ses consommateurs les plus rapprochés, très économiques vers les grands centres de populations, voilà les marques de sympathie pour elle les plus efficaces; elle doit reconnaître qu'elles ne lui ont pas été épargnées. Non pas que nous contestions la possibilité d'alléger le fardeau hypothécaire qui pèse sur la propriété immobilière, d'arriver à une grande et uniforme conversion de cette dette, constituée à tant de taux différents dont quelques-uns si exorbitants ; nous croyons qu'on est entré dans cette voie. Ce que nous ne saurions partager, c'est l'espoir de mettre sur le même niveau et le loyer de la terre et le loyer de l'argent, c'est la possibilité d'acheter et d'améliorer avec un argent emprunté.

En France, plus qu'ailleurs, on est amoureux de la propriété; à titre de délassement, de sécurité, de considération, petits et grands, tout le monde la recherche; il est certain que la modeste suzeraineté qu'on exerce sur ses champs, leur étendue, leur parure, la variété et la suffisance de leurs produits, caressent bien plus l'imagination d'un peuple, naturellement très impressionnable, qu'un froid morceau de papier relégué au fond d'un portefeuille. Quoi qu'il en soit, réels ou imaginaires, ce sont autant d'accessoires qui entrent pour un certain chiffre dans le prix à payer au vendeur, qui enlèvent quelque chose au revenu à toucher, et laissent un déficit au propriétaire lorsqu'ils lui font payer des intérêts. D'un autre côté, en même temps qu'à raison de cette médiocreté du revenu du sol, il aurait besoin d'emprunter à meilleur marché que le commerçant, il doit se résoudre cependant à emprunter plus cher; il ne peut frapper qu'à une porte, à la porte des capitaux qui consentent à s'engager à long terme; le commerçant les trouve également à sa disposition et il a de plus tous ces capitaux flottants qui, pour se garder une certaine liberté, se louent à des conditions plus modérées.

Revenant à la Banque de France, qui joue dans cette question de *l'intérêt*, un rôle si prépondérant, et sur la détermination de laquelle, en pareil cas, se porte l'attention publique, nous croyons fermement que ses vieux principes sont encore les meilleurs; qu'elle ne doit pas, comme ferait un établissement privé, se ployer aux fluctuations accidentelles du marché; que son précédent chiffre de 4 p. 100 était bien choisi, qu'il était, comme moyenne, l'expression fidèle de la situation; qu'en se tenant constamment en mesure de donner encore à ces conditions, tout ce qui lui serait demandé, et partout où on le lui demanderait, qu'en accueillant, comme elle le fait, avec ces signatures que recommande la fortune, celles que ne recommande encore que l'amour du travail et la bonne gestion, elle remplirait suffisamment sa tâche.

Nous ne nous dissimulons pas qu'en raisonnant ainsi nous heurtons un courant d'idées, en sens contraire, qui depuis quelque temps va grossissant; « l'argent est abondant à la Bourse, » c'est le cri général pour tous ceux qui consentent à placer à la Bourse le pivot de la question.

Des extractions de l'Australie et de la Californie.

Bientôt on en fera entendre un autre, à la vue de l'or de l'Australie et de la Californie, se déversant à grands flots sur les marchés Européens, et là l'entraînement et les illusions seront plus excusables. Cependant le pivot de la question n'est pas plus en Australie, en Californie, qu'il n'est à la Bourse ; il le faut chercher autre part.

Les grandes extractions d'or seront sans influence sur le taux de l'intérêt.

Assurément, il se prépare dans le monde une phase nouvelle pour le capital *monétaire ;* il va grandir numériquement et chez nous et partout dans des proportions qu'on aurait jugé fabuleuses, il y a quelques années. Cependant, à quelque chiffre qu'il arrive, il ne saurait avoir d'influence réelle sur le taux de l'intérêt qu'autant que les autres valeurs, les autres éléments, qui, avec lui, composent le capital général de la Nation, et qui comptent pour beaucoup plus que lui dans ce grand ensemble, se seront en même temps et également multipliés, ce qu'on ne saurait admettre ; on peut concevoir, jusques à un certain point, une faculté indéfinie de manufacturer, mais la production des matières premières a ses limites.

Cet équilibre numériquement troublé entre les marchandises et les métaux précieux qui mesurent leur valeur, se rétablira par la dépréciation des métaux ou le rehaussement des marchandises, ce qui est même chose. Toutefois, au début et jusques à l'irruption de la crise, ce travail d'équation sera lent et sourd, tant il a de marchés sur lesquels il doit successivement s'exercer. Le trop plein se manifestera d'abord dans les grands réservoirs, dans les caisses des banques, là où viennent se réfugier toutes les espèces que la circulation ne réclame plus ou qu'elle ne réclame pas encore. Le premier mouvement de l'opinion sera de proclamer l'abondance du capital et l'abaissement de l'intérêt. L'illusion sera légitime tant que le prix des autres marchandises n'aura pas sensiblement augmenté, tant qu'il ne faudra pas par exemple 30 grammes d'or pour faire circuler ce que 20 grammes faisaient circuler. A une époque comme la nôtre, où l'on aime assez cette fortune qui ne coûte ni soucis, ni labeurs, où il est beaucoup plus expéditif de la trouver toute faite dans des primes que de la poursuivre en fabriquant ou vendant du sucre ou du calicot, on ira tout naturellement à la Bourse demander un emploi pour cet or et cet argent oisifs, et ce surcroit de demande élèvera nécessairement, au premier abord, le prix de toutes les valeurs qui s'y trafiquent. Mais quand on aura commencé à entrevoir que le coupon de 30 francs, détaché d'un titre de 1,000 francs, au lieu d'acheter un hectolitre et demi de blé, n'en va plus acheter qu'un hectolitre; qu'au lieu de payer son terme, comme précédemment, avec le revenu de dix obligations de chemin de fer, on ne saurait à moins de quinze, avoir la quittance de son propriétaire, c'est alors que la réflexion viendra et que l'on se demandera comment on a pu acheter ces placements d'autant plus chèrement qu'ils devaient moins produire.

Que sous l'empire des mêmes circonstances, un pré ou un champ se mette en vente; le fourrage et le blé devant se payer désormais au marché, cinquante pour cent de plus, rien de plus rationel de la part du vendeur, que la prétention d'élever la valeur vénale du fond dans la même proportion; de se faire payer *nominalement* plus cher un capital dont la rente s'est *nominalement* accrue; prétention aussi légitime quant à lui, qu'elle serait absurde, si les porteurs des obligations de l'État ou des Compagnies essayaient de la soulever quand ils offriront leurs titres sur le marché. L'État et les Compagnies n'ont contracté d'autre engagement, envers leurs prêteurs, de 1,000 francs, que celui de leur payer annuellement 9 grammes 67 centigrammes d'or, soit 30 francs; quelle que soit l'abondance des métaux précieux, ils n'ont pas l'intention d'en donner davantage; ces prêteurs à leur tour, ne sauraient donc espérer, que cédant à d'autres une rente désormais dépréciée, ils pourront, à l'exemple du vendeur de l'immeuble, invoquer cette dépréciation, c'est-à-dire l'abondance de l'or et de l'argent, pour obtenir de leurs cessionnaires un capital plus élevé; livrant moins, ils ne peuvent pas recevoir plus. Si parce que l'extraction des métaux précieux aurait augmenté dans la proportion de 3 à 6, l'intérêt du capital devait décroître dans la même proportion, si l'emprunteur avait la prétention de ne payer pour le loyer de 6,000 francs que les 90 francs qu'il payait précédemment, pour le loyer de 3,000 francs, comme le capitaliste consommateur n'achèterait plus au marché avec ces 90 francs que ce qu'il achetait avant avec 45 francs, on arriverait à ce singulier résultat que ce ne serait plus de moitié seulement, mais bien des trois quarts, qu'auraient été amoindri son revenu réel et sa faculté de consommer.

Le capital tout entier décide du taux de l'intérêt.

Que l'opinion publique ne prenne donc pas le change sur les arrivages d'or (1), sur l'influence qu'ils sont ap-

---

(1) Mais voilà bien un autre événement, et cette fois, un gage assuré de la réduction de l'intérêt sur notre marché, de la hausse de toutes nos valeurs. Les consolidés anglais vont être réduits à 2 1/2 0/0, les capitaux anglais vont accourir chez nous ; c'est ce qui se dit.

Pour accourir chez nous, il faut d'abord qu'ils se fassent remplacer chez eux; les consolidés qu'ils doivent quitter, pour nous donner la préférence, ne peuvent pas rester ainsi suspendus en l'air, il faut que d'autres capitaux les viennent étayer. Ce ne sera pas probablement les nôtres ;

Si les capitalistes anglais doivent venir acheter nos valeurs en hausse, pourquoi, avant la hausse, n'y avaient-ils pas songé ? Est-ce qu'il n'y avait pas déjà pour eux le même avantage à cette expatriation?

S'ils doivent placer chez nous à 3 1/2 ces capitaux dont l'Echiquier ne veut plus désormais leur payer que 2 1/2, pourquoi ne venaient-ils pas chercher chez nous un revenu de 4 quand chez eux ils ne recevaient qu'un revenu de 3 ? Où est la différence ?

On ne nous semble pas, au reste, se rendre un compte bien raisonné du genre d'attrait qui appelle chez nous, de temps à autres, les capitaux de nos voisins. Ils y viennent, mais non pas pour s'y établir; ils s'établissent chez eux. Ils y viennent pour acheter en gros ce qu'ils nous revendront plus tard et plus cher en détail; pour commercer et non pas pour placer. Ce concours est heureux et pour eux et pour nous; mais le plus habituellement il ne s'exerce qu'à ces fins et dans cette mesure.

pelés à exercer sur le vieux continent; à leur aide, d'anciens emprunteurs se libèreront à de meilleures conditions, soit; mais les nouveaux n'emprunteront point pour cela avec une réduction d'intérêt. Parce qu'on aura vu dans des moments de crise, de liquidation générale, l'or et l'argent — seules valeurs, alors, qui ne soient pas paralysées, — commander en maîtres le marché, que l'on ne se hâte pas d'en conclure qu'en temps normal ils en sont seuls les régulateurs. Petite fraction du grand capital de la Nation, mais fraction dont le numérateur ne saurait faire un grand écart sans que le dénominateur ne le suive dans la même progression, ils ont leur part d'action, mais elle vient se confondre dans l'action générale : matières premières, marchandises fabriquées, approvisionnements de toutes sortes, qu'ils soient le fonds de roulement du commerçant, de l'industriel ou de l'agriculteur, quelques formes qu'ils revêtent, tous comptent comme l'or et l'argent, et pour une valeur bien autrement considérable, dans la richesse du pays, et c'est le chiffre de la richesse qui règle le chiffre de l'intérêt.

Conclusion.

L'industrie et le commerce ont aujourd'hui la prétention, sinon de gouverner le monde, du moins de faire ses destinées. Si ce n'est pas au profit de sa grandeur, c'est au moins au profit de son bien-être, au profit de la paix générale ; c'est déjà quelque chose. A ce sujet, un élégant et spirituel écrivain disait l'autre jour dans le *Journal des Débats* (1) : « Les Gouvernements ne » sont plus que des actionnaires, et Richelieu serait au- » jourd'hui président d'un conseil d'administration de » chemins de fer. »

Puisqu'il en est ainsi, puisque telle est la nouvelle politique du genre humain, veillons donc plus attentivement que jamais aux questions économiques, ne souffrons pas en silence, qu'à la pratique on les fasse gauchir ;

Tenons en garde ce public, toujours aussi crédule que ses devanciers et possédé d'ardeurs encore plus immodérées, contre les habiles du jour, plus nombreux que les habiles d'autrefois; redisons-lui, jusques à satiété, tous les précédents mécomptes, fallût-il remonter pour cela à l'écossais Law, *à ses actions d'Occident*, *ses filles*, *ses petites-filles*, *ses cinq cents* — valeurs adroitement combinées pour se commander, s'entraîner les unes les autres — enchevêtrement d'autant plus captieux qu'avec de légers versements on acquerrait successivement des droits sur toute la filiation — échafaudage qui, en moins de dix mois, s'éleva et croula, après avoir porté, grâce *aux ventes et reventes à terme*, *à prime ou au comptant*, un capital nominal de trois cent millions à douze milliards;

Rappelons enfin à ceux qui reprochent à notre grand établissement de crédit d'être inerte ou timide, quand il n'est que prudent, à ceux qui voudraient le mêler indistinctement à toutes les affaires : qu'il n'a pas été institué

(1) *Journal des Débats*, 15 avril 1853, Saint-Marc Girardin.

pour fournir le capital là où il fait défaut, mais seulement pour le rendre disponible là où il existe déjà, enchaîné pour un peu de temps encore; que sa fonction dans le mouvement commercial n'est pas celle de la vapeur qui lance la machine, mais bien plutôt celle du rail qui en réduit les frottements.

C'est ce que nous avons essayé de faire dans cette ébauche; à d'autres, de poursuivre cette tâche avec plus d'autorité de langage.

www.ingramcontent.com/pod-product-compliance
Lightning Source LLC
LaVergne TN
LVHW012000160826
845678LV00002B/648

* 9 7 8 2 3 2 9 6 7 7 5 7 6 *